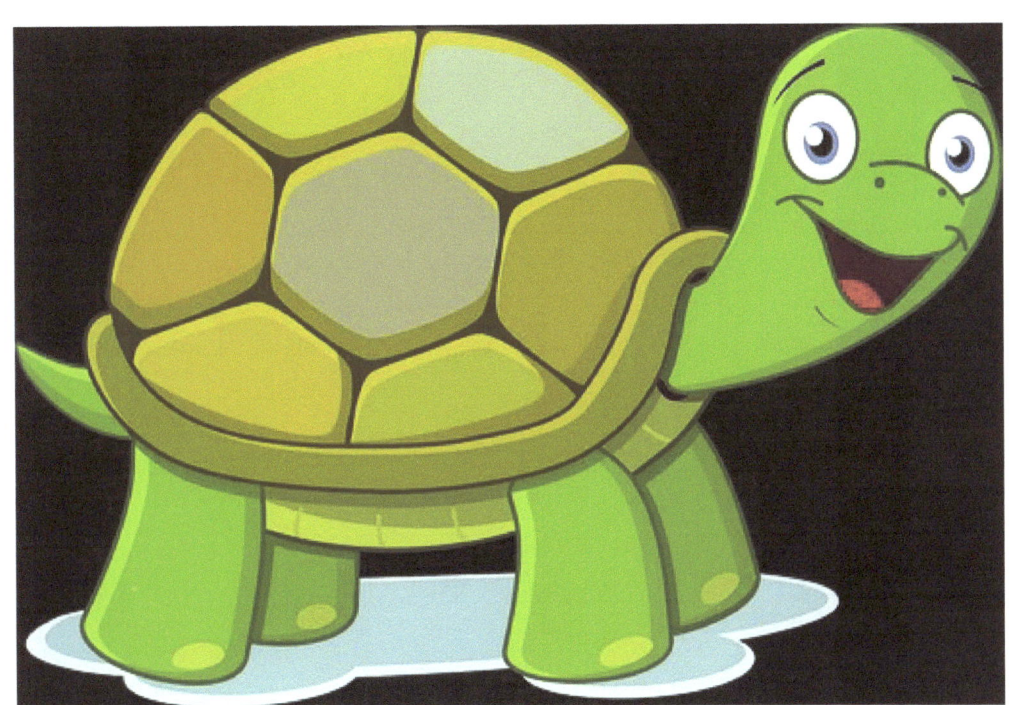

**Tortoise
Schildkrote**

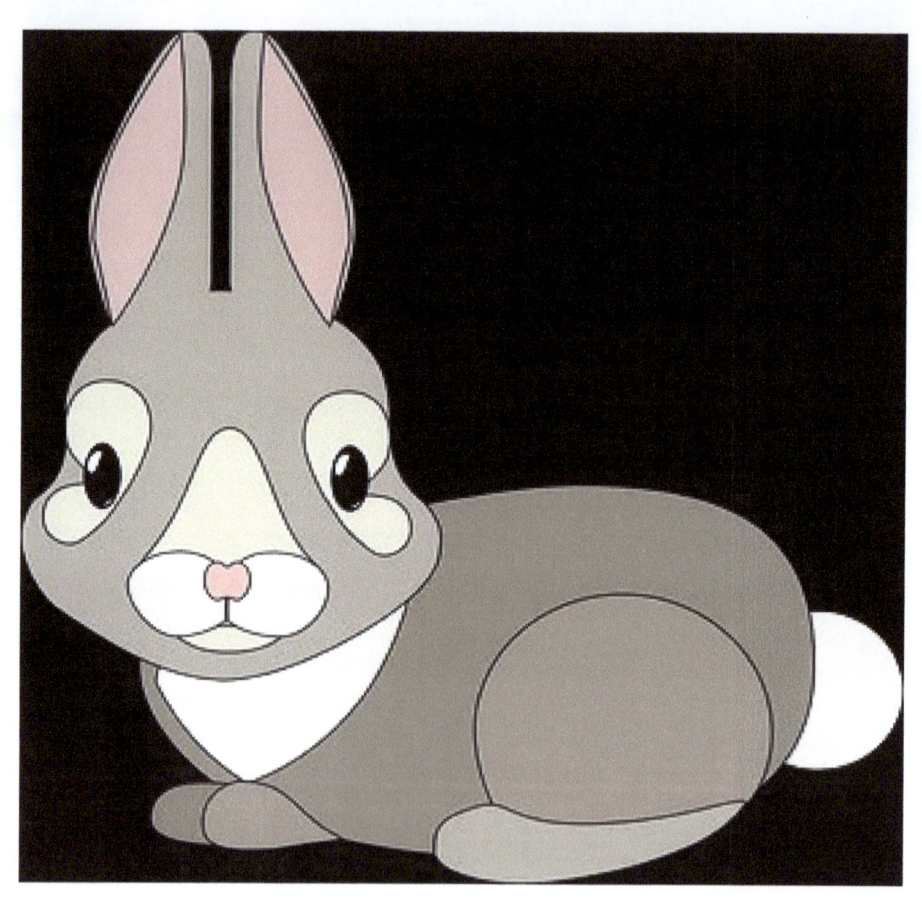

Rabbit

Hase

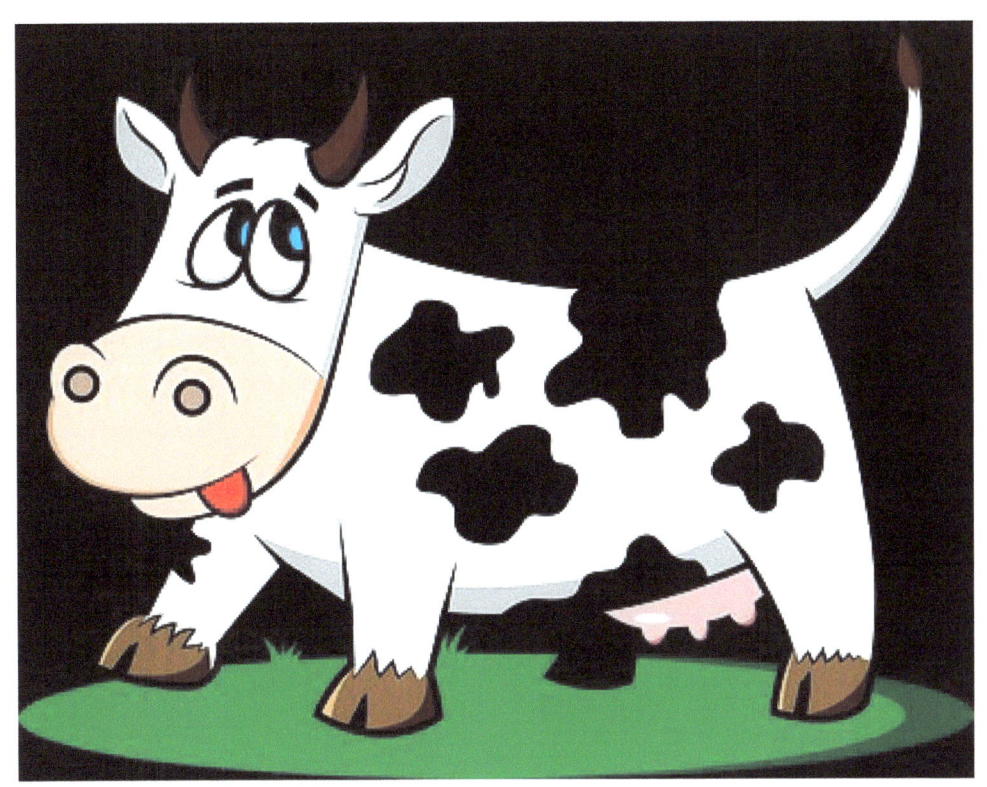

**Roof
Dach**

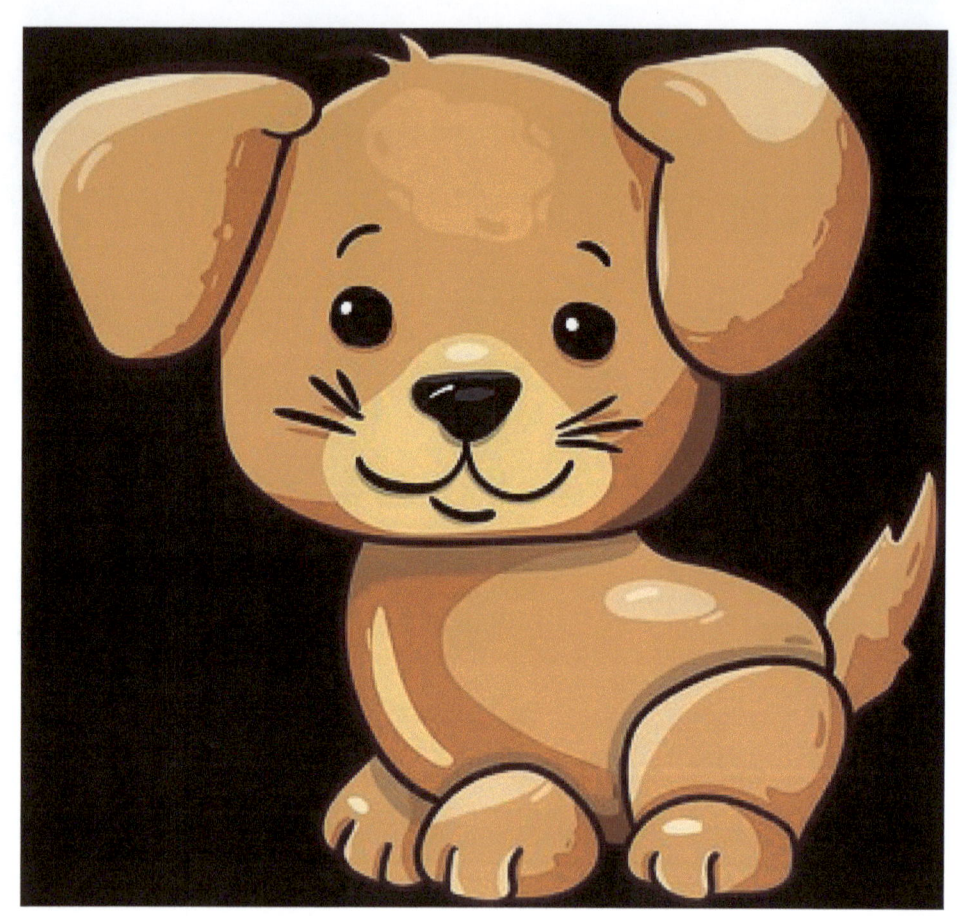

Dog
Hund

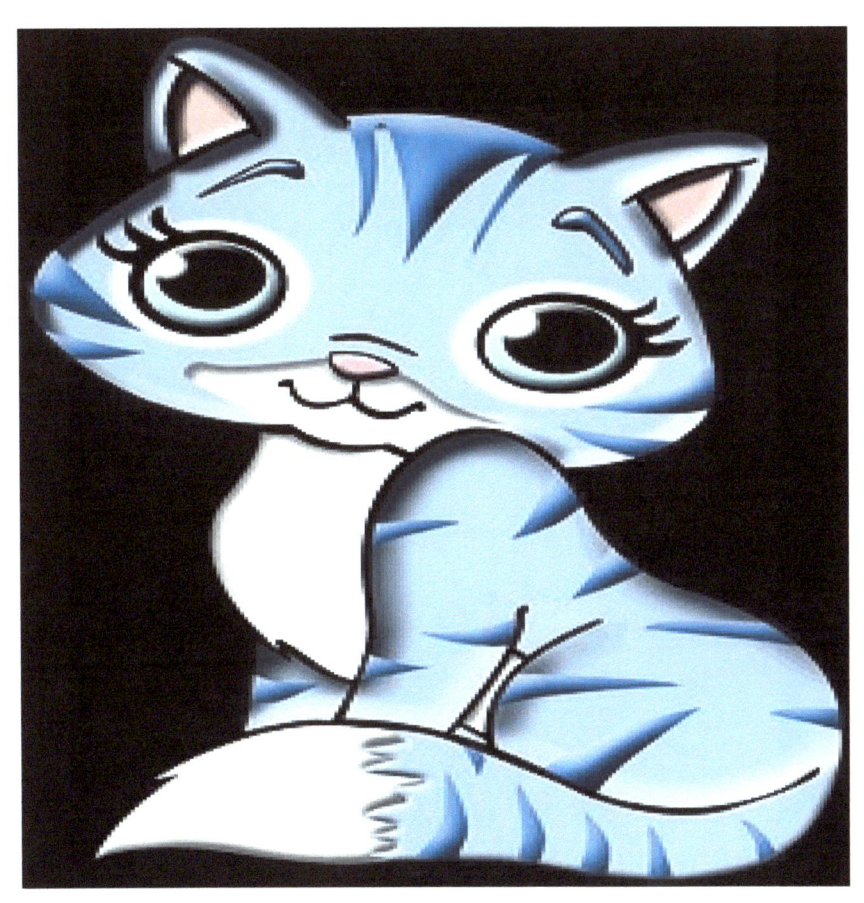

**Cat
Katze**

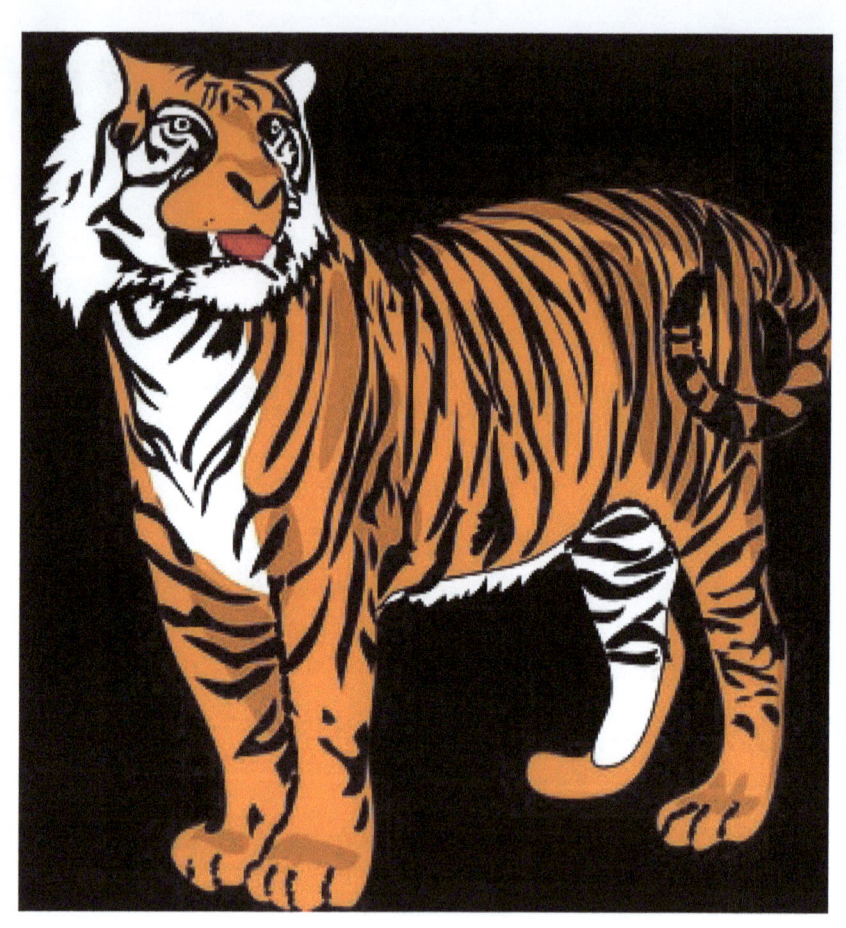

**Tiger
Tigerin**

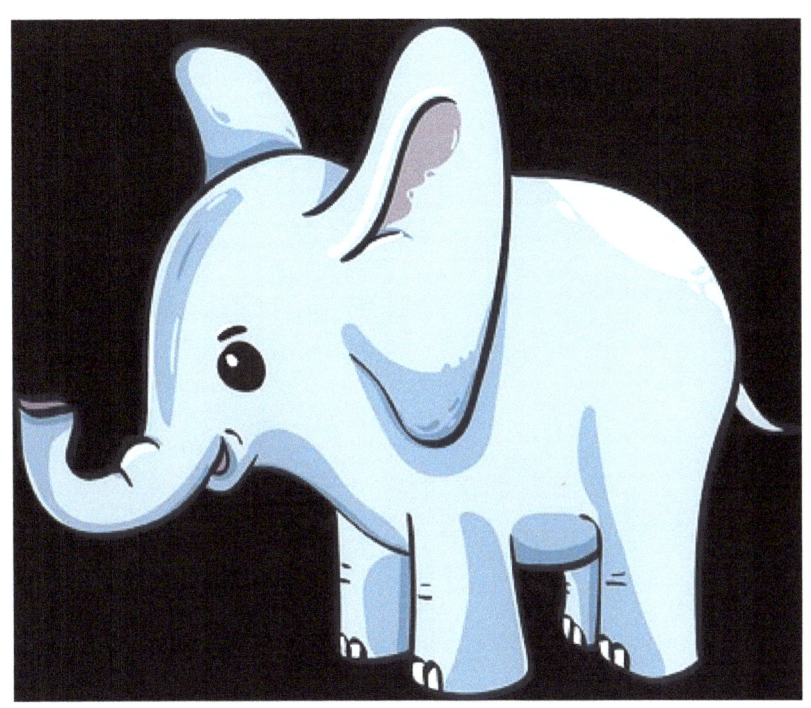

**Elephant
Elefant**

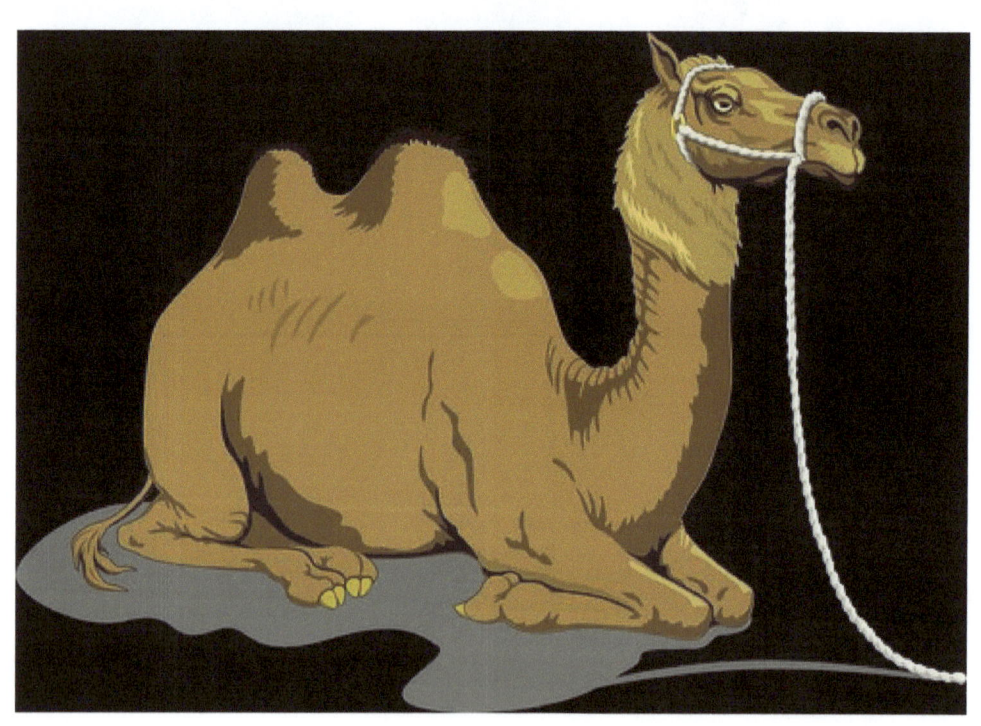

Camel
Kamel

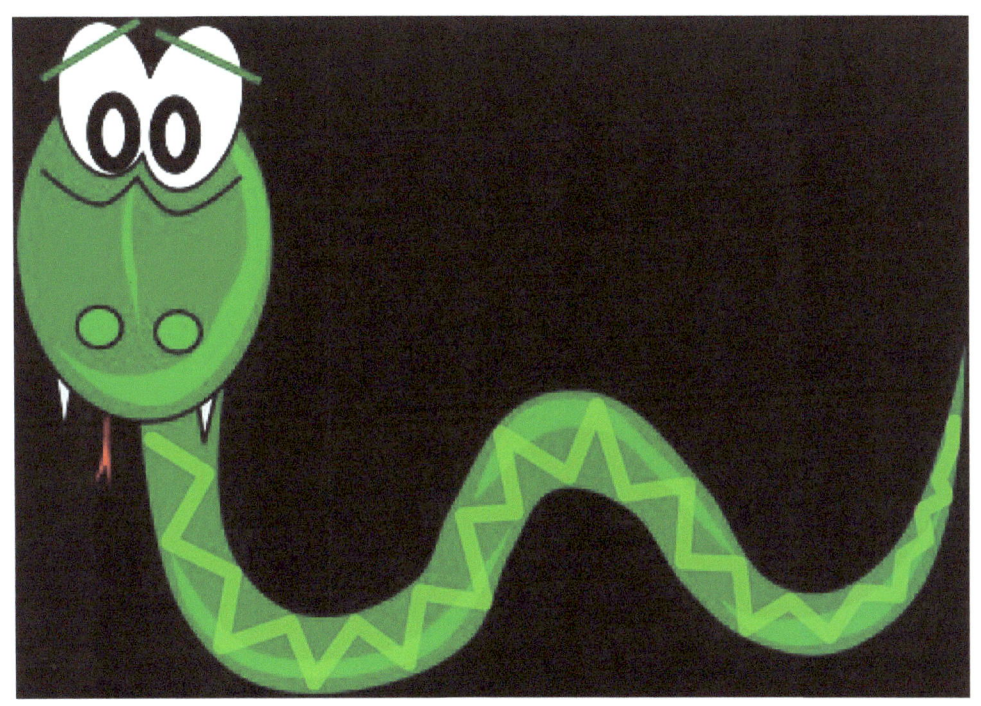

**Snake
Schlange**

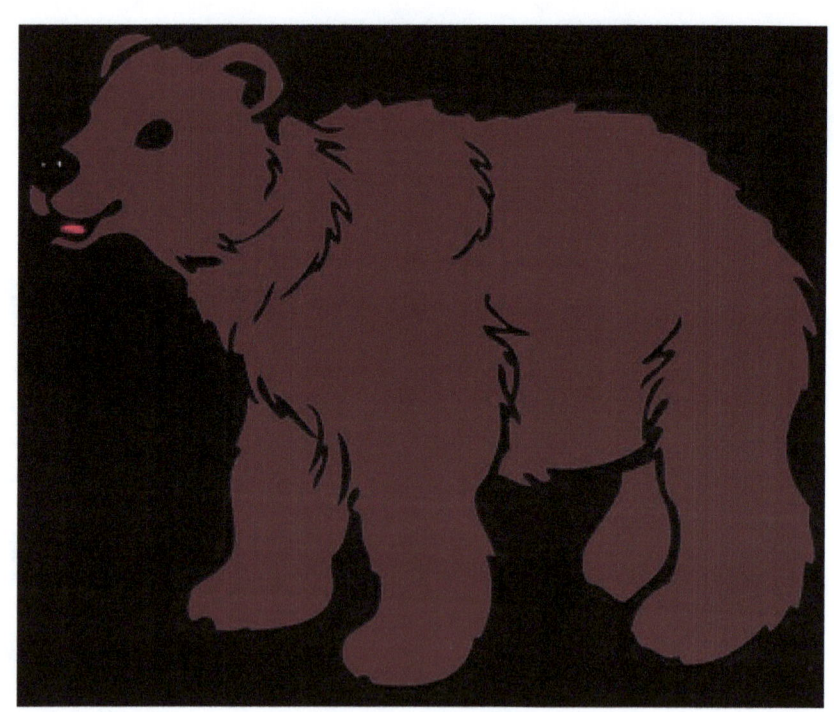

**A bear
Ein bar**

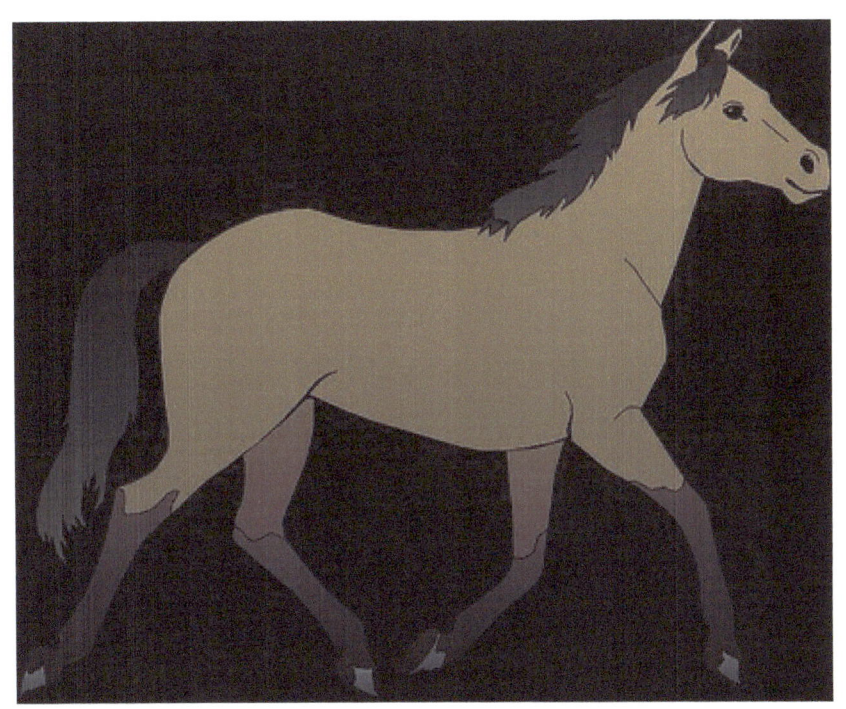

**Horse
Pferd**

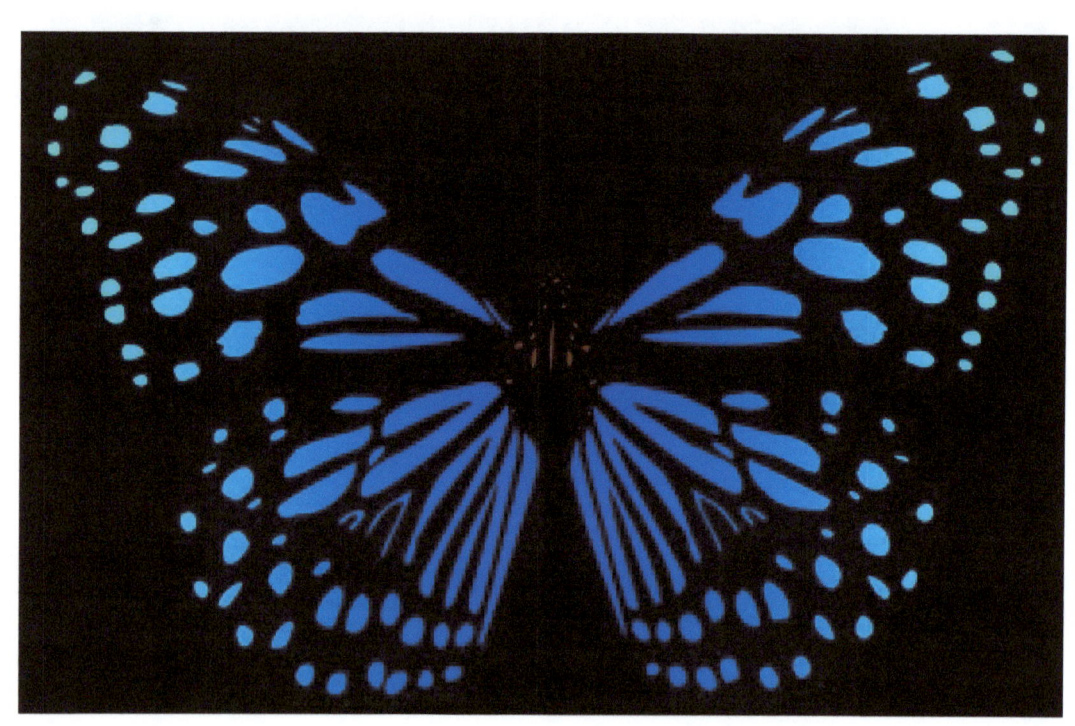

**Butterfly
Schmetterling**

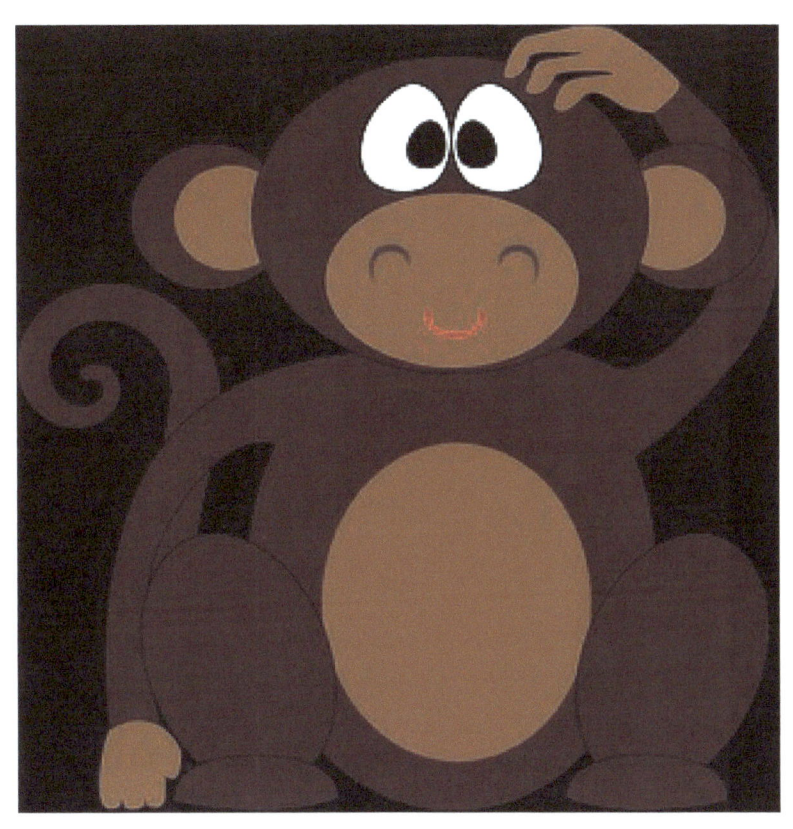

**Monkey
Affe**

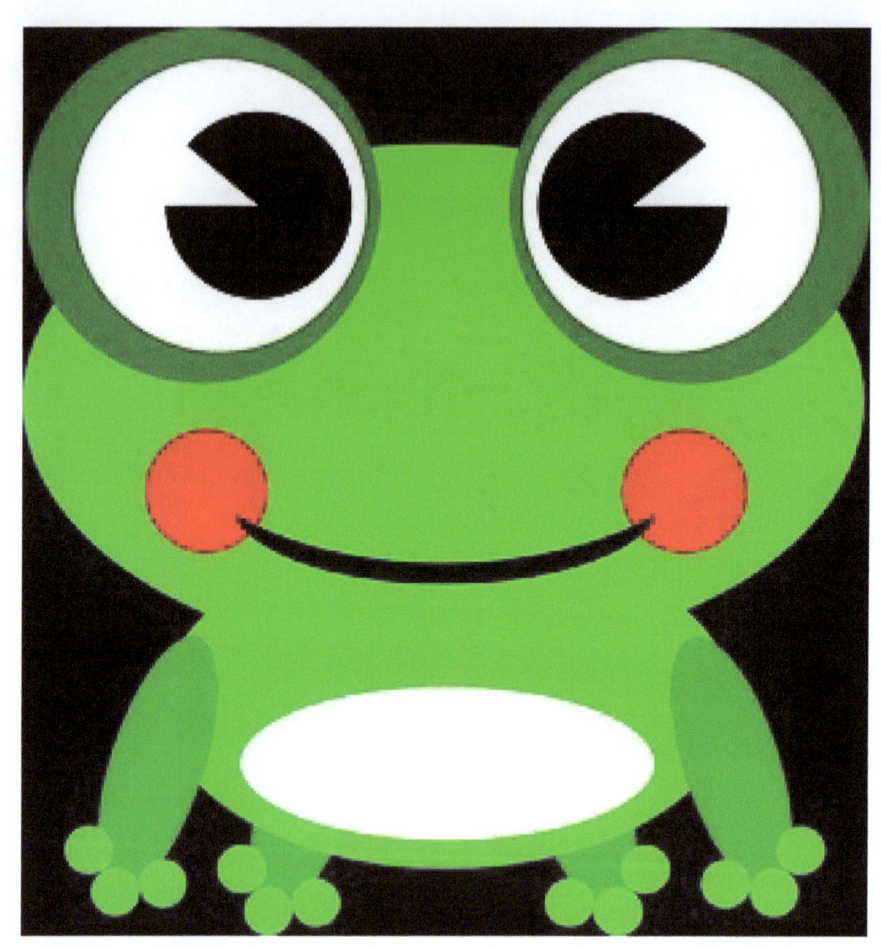

**Frog
Frosch**

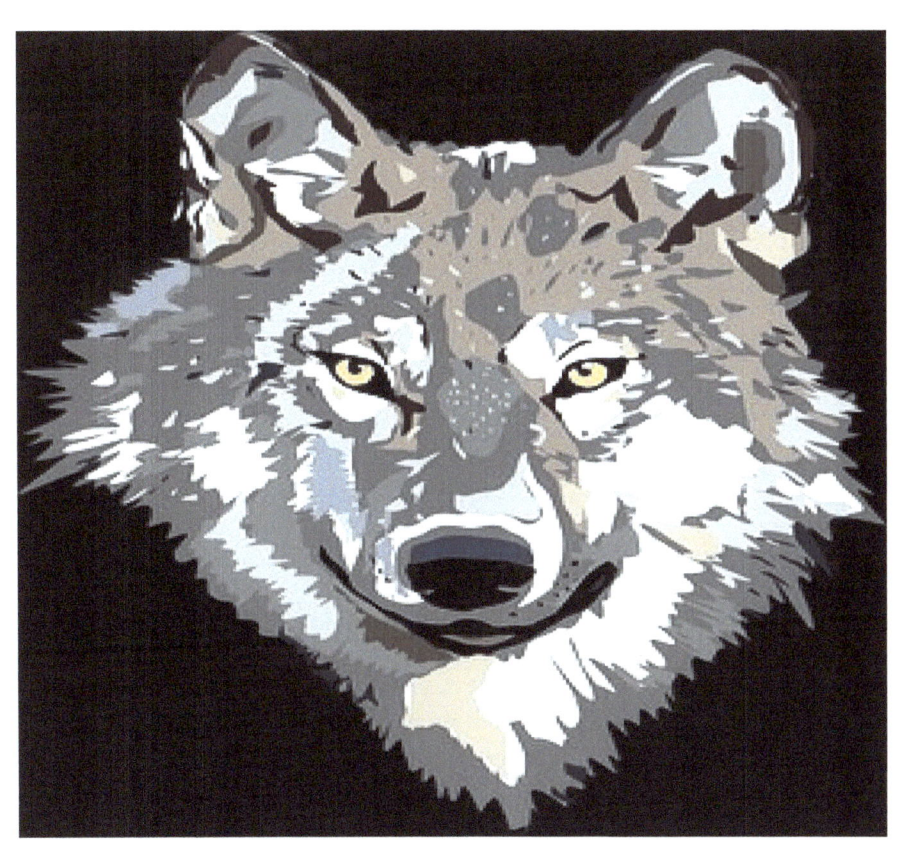

Wolf
Wolfin

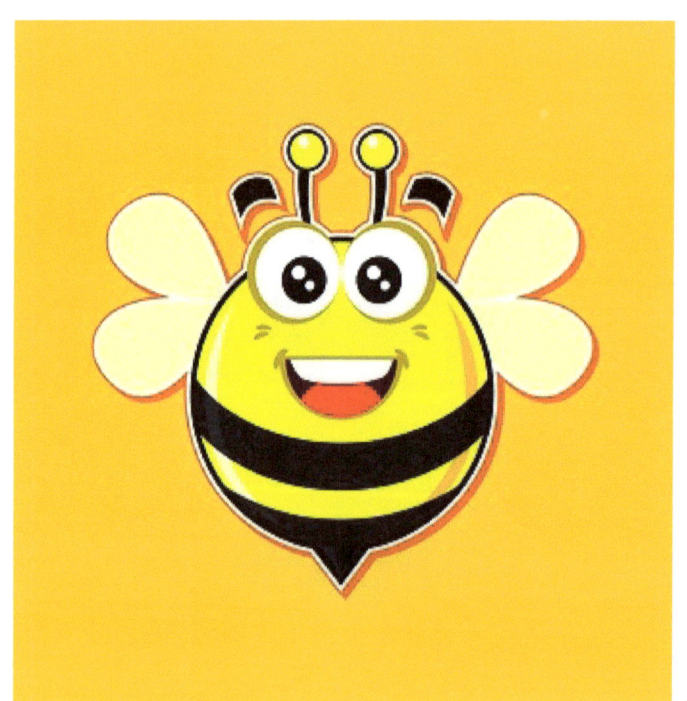

Bee

Biene

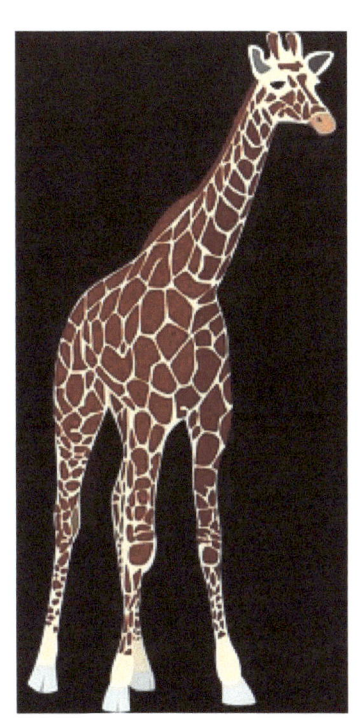

**Giraffe
Giraffe**

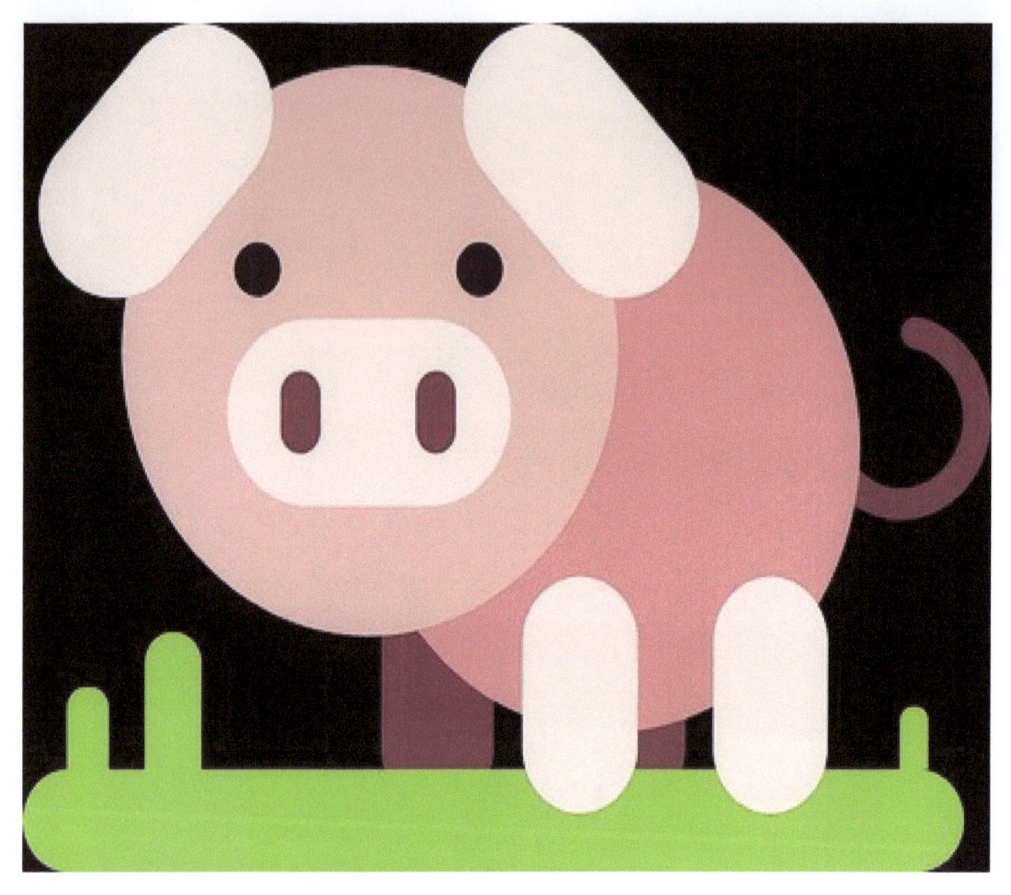

**A pig
Ein schwein**

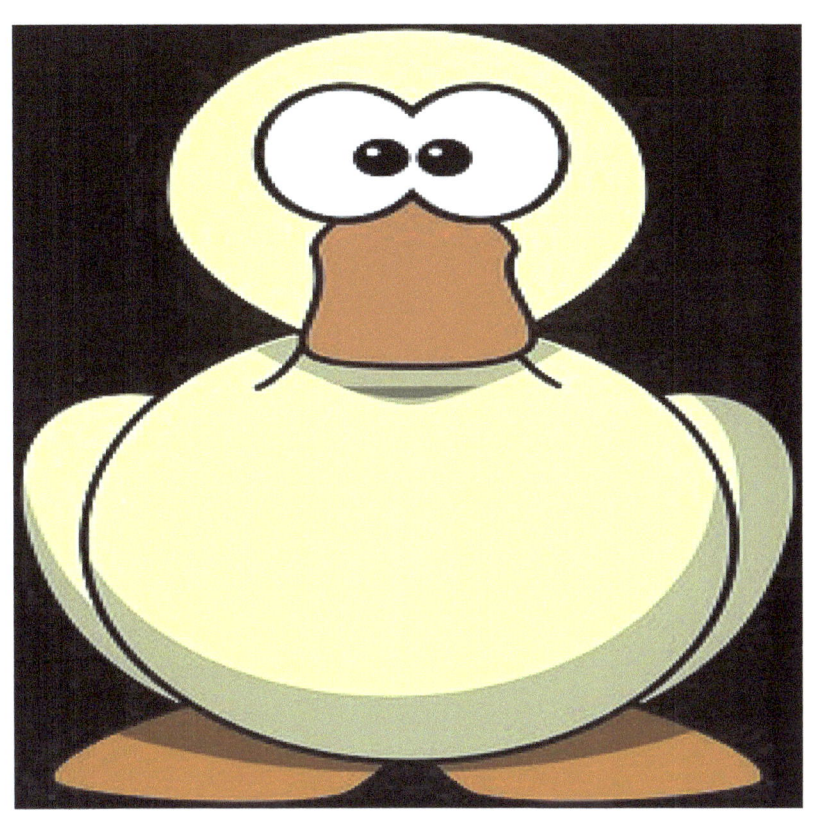

**Duck
Ente**

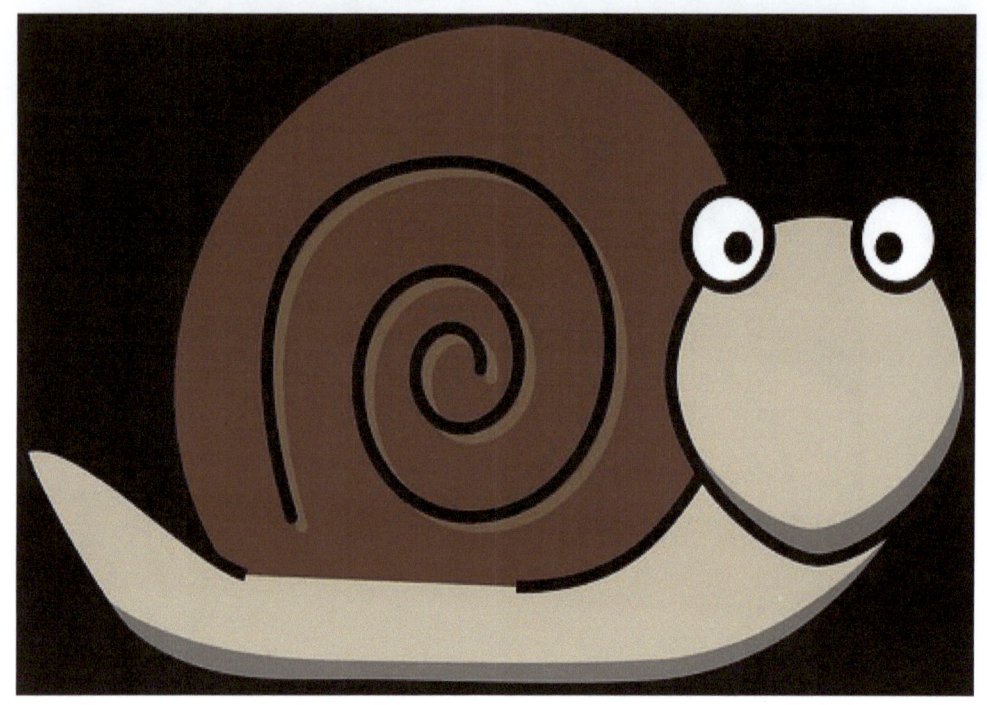

**Snail
Schnecke**

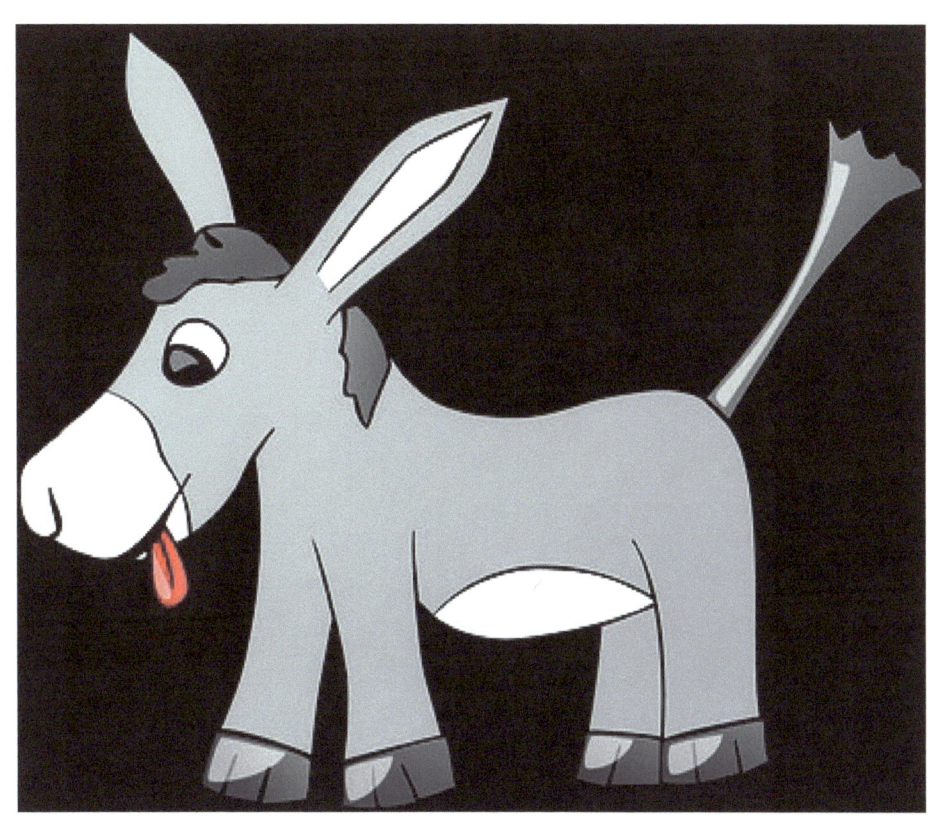

**Donkey
Esel/Eselin**

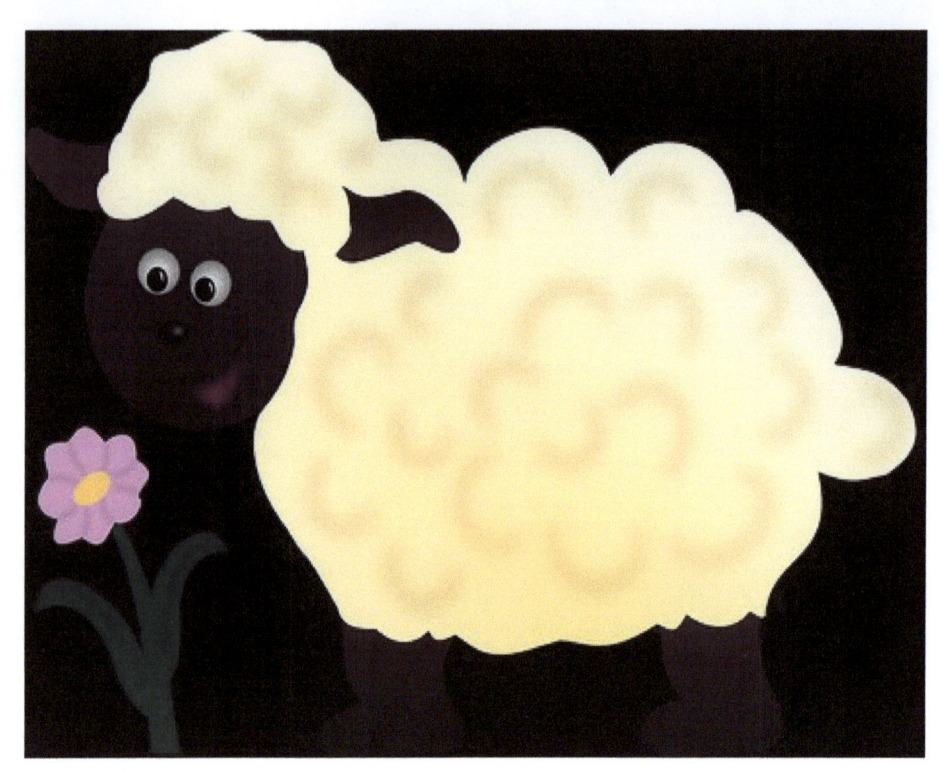

**Sheep
Schaf**

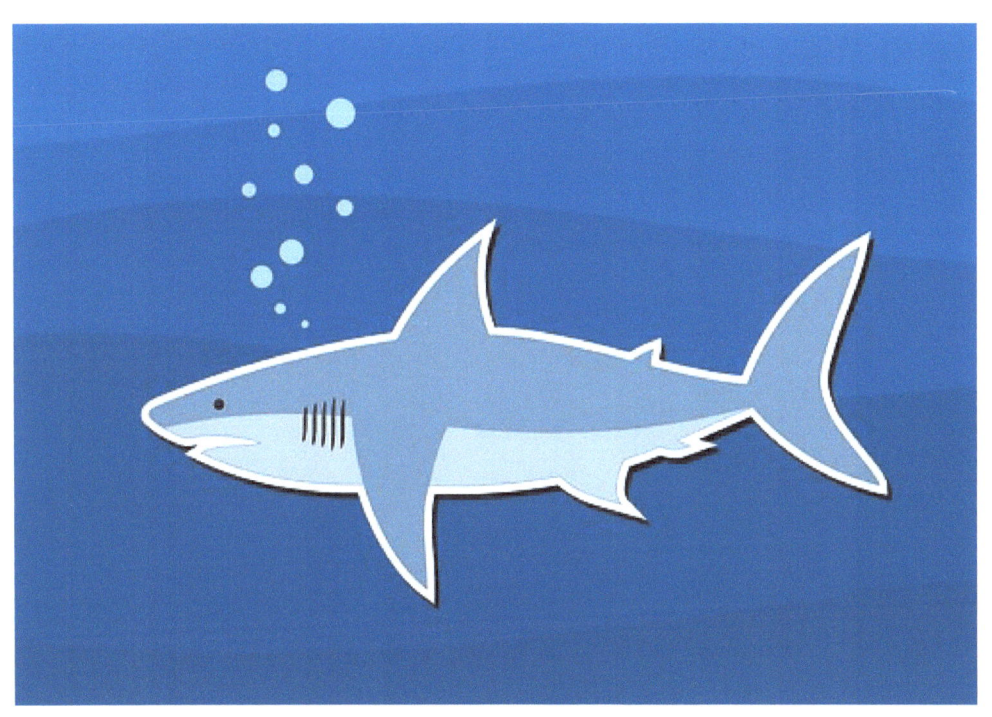

**Shark
Hai**

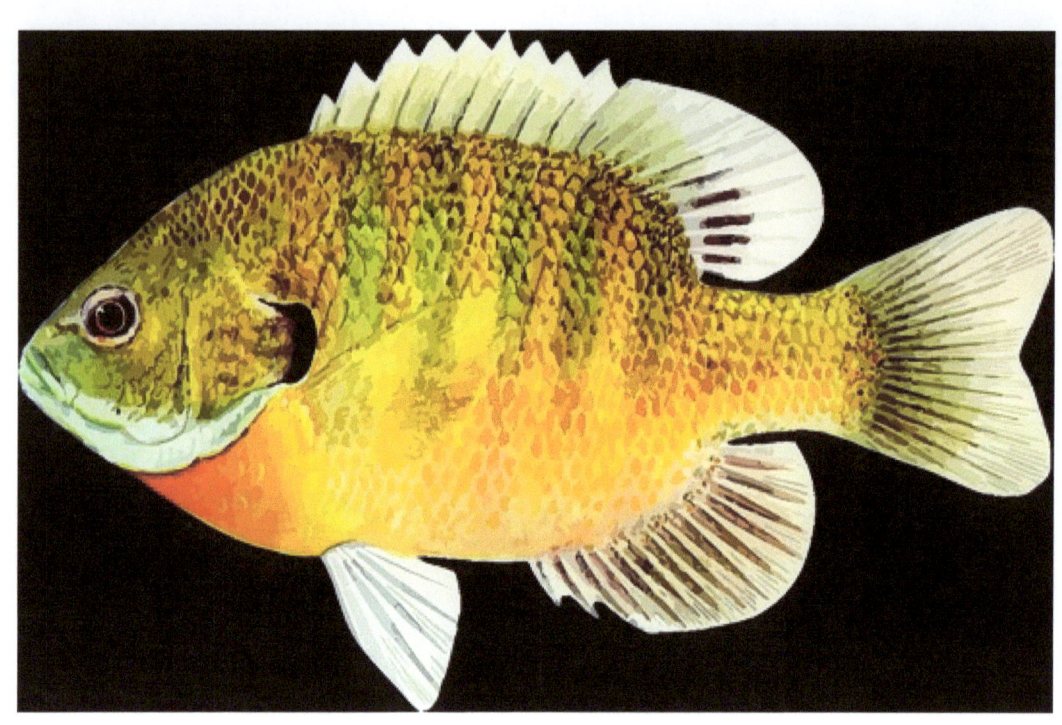

Fishes
Fische

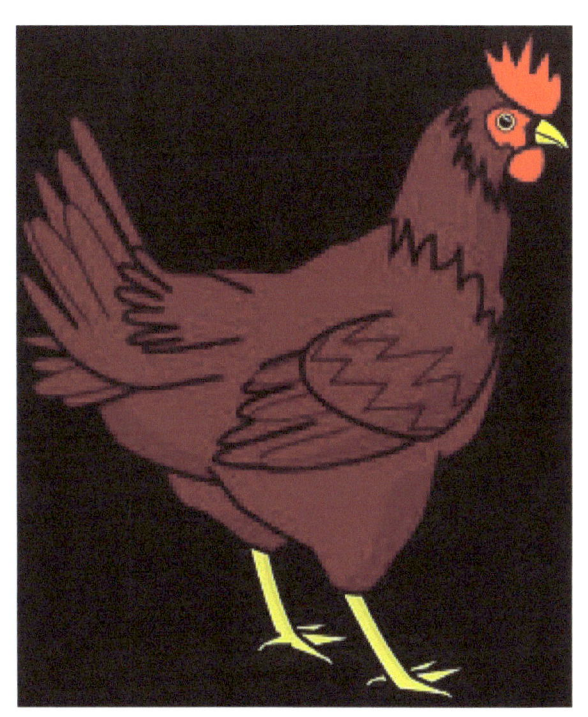

**Hen
Henne**

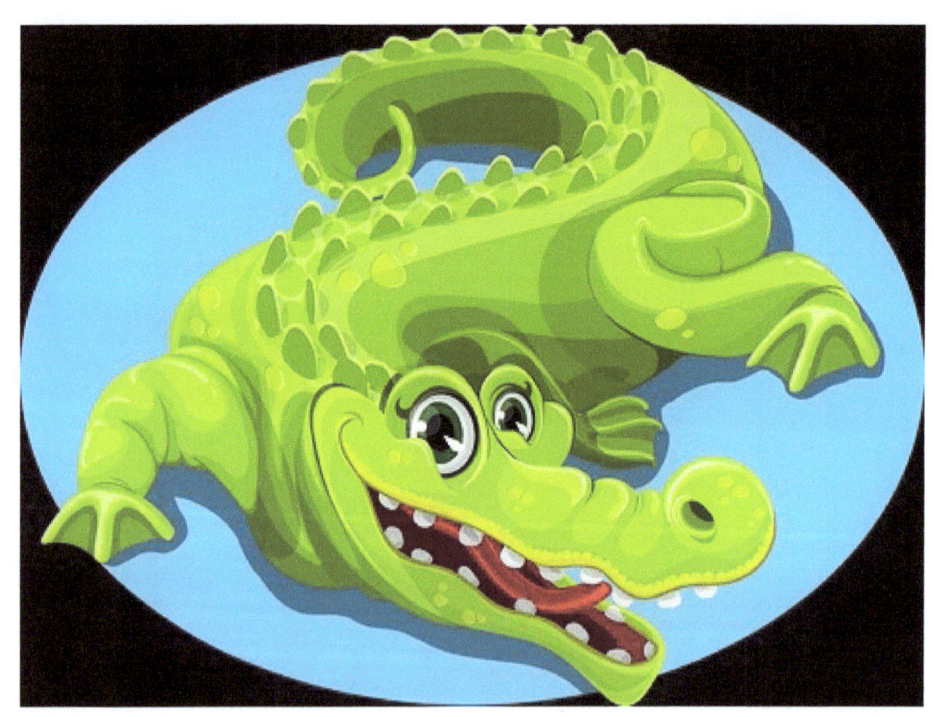

Crocodile
Krokodil

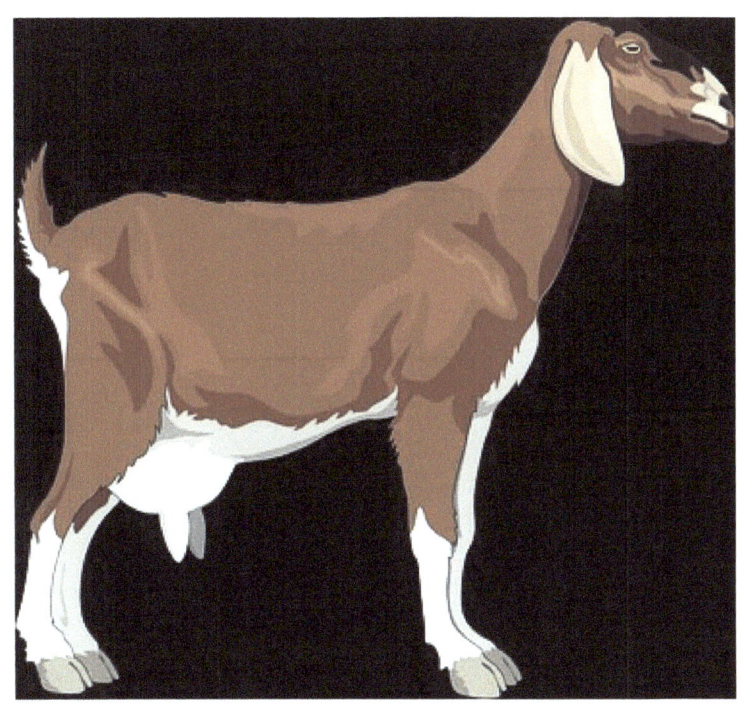

**Goat
Ziege**

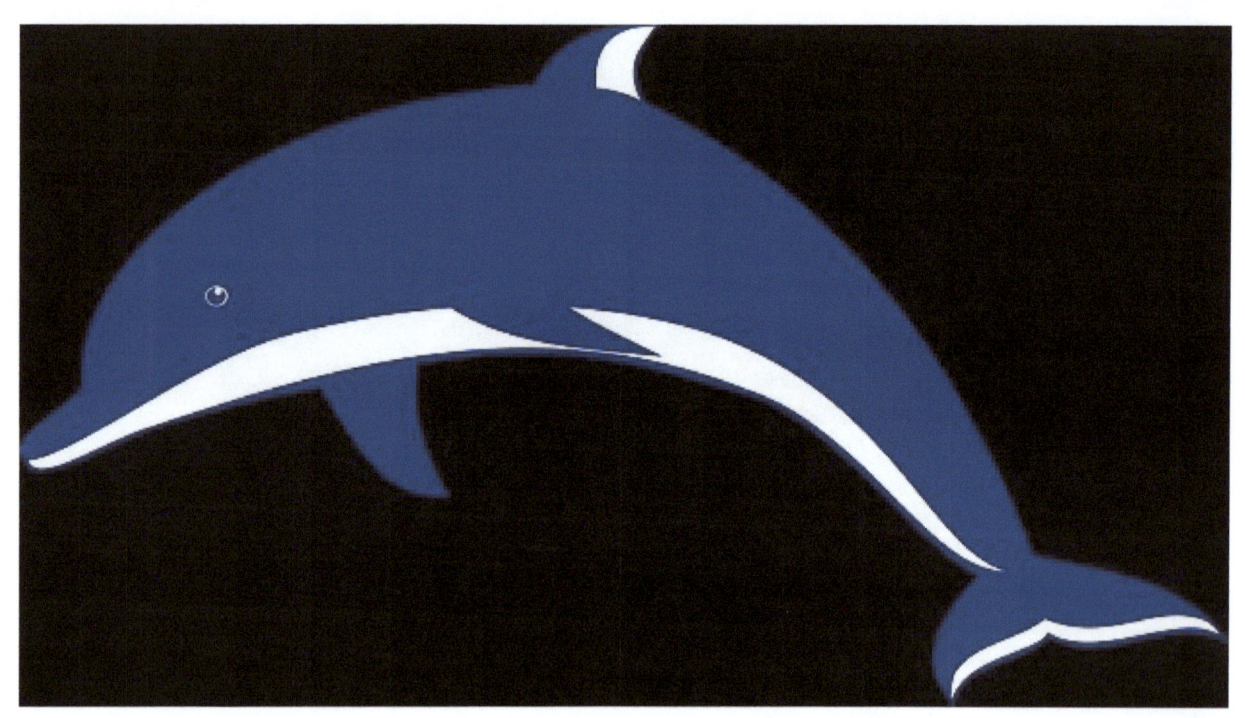

**Dolphin
Delfin**

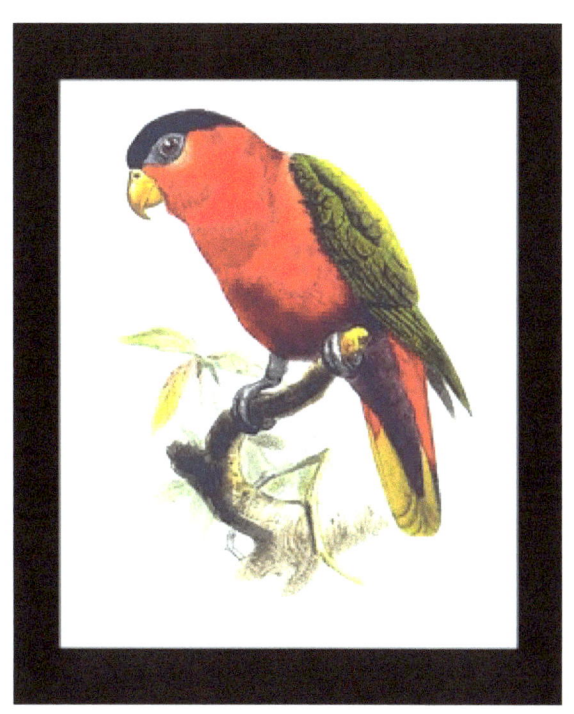

Parrot
Papagei

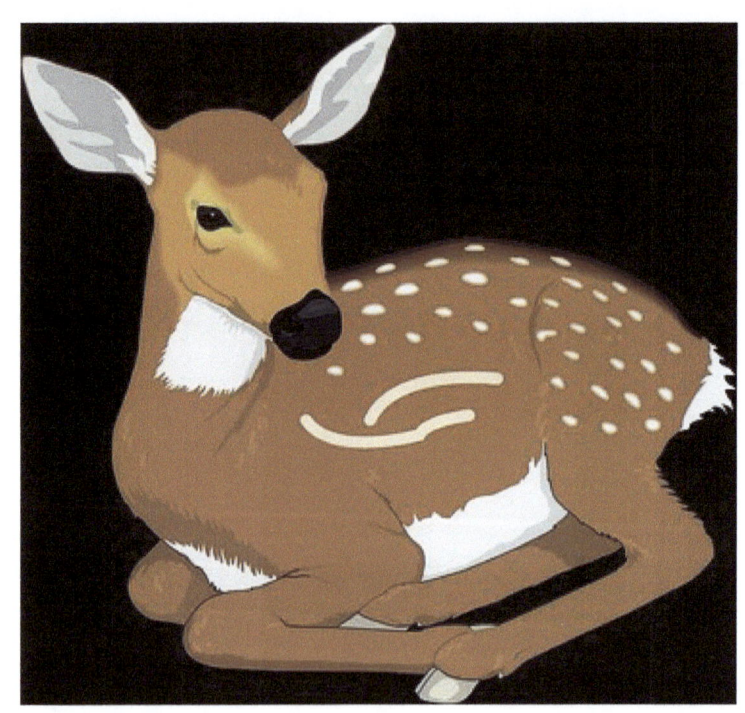

Deer

Hirsch

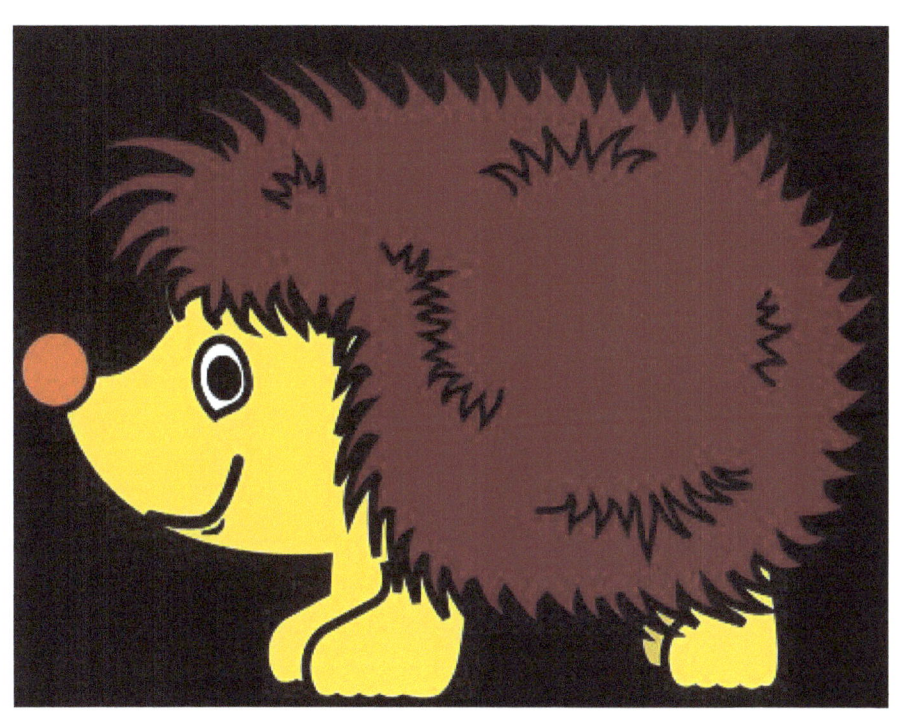

**Hedgehog
Igel**

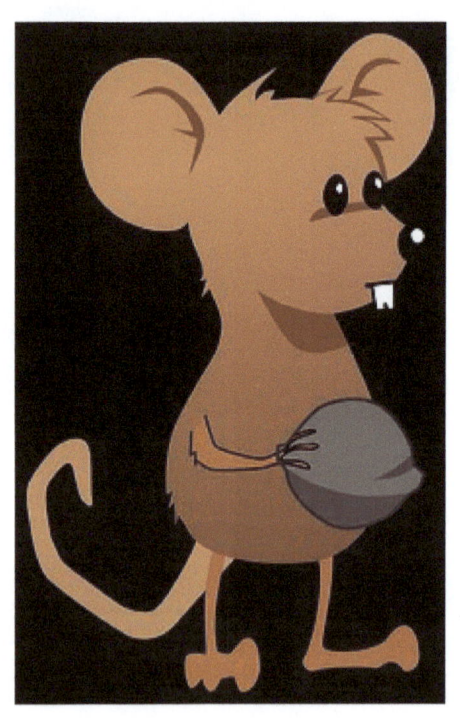

**Mouse
Maus**

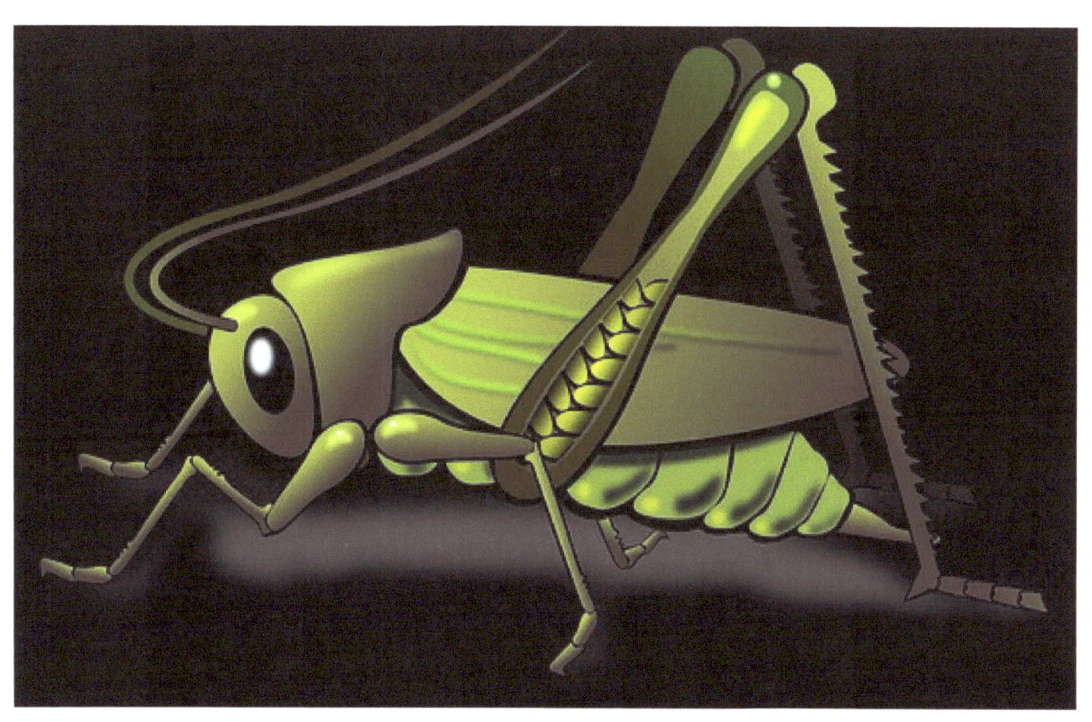

**Grasshopper
Heuschrecke**

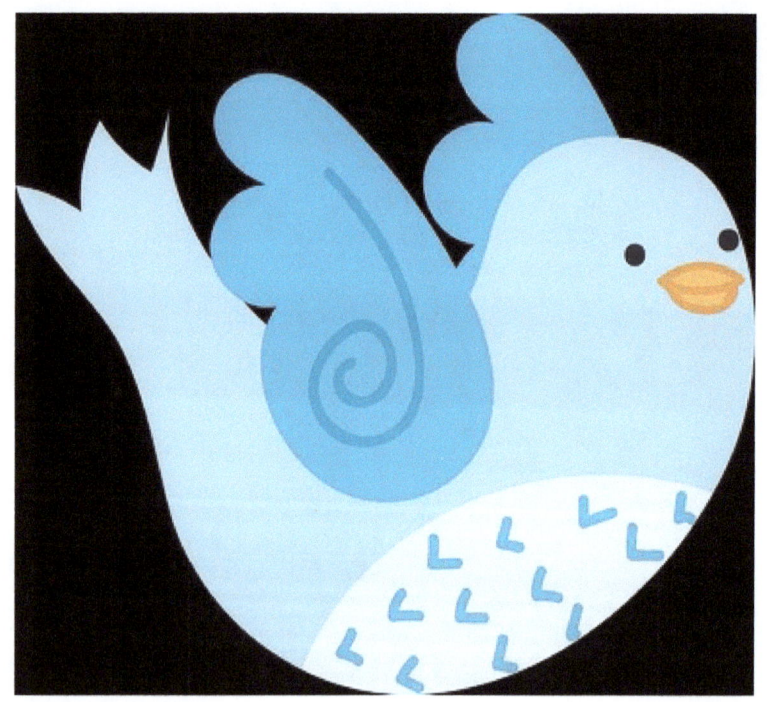

**Bird
Vogel**

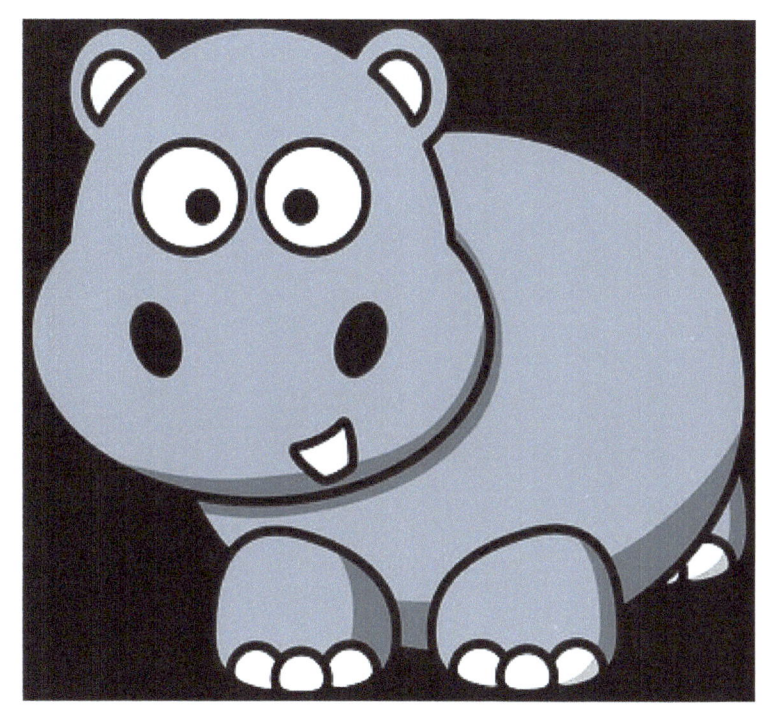

**Hippopotamus
Nilpferd**

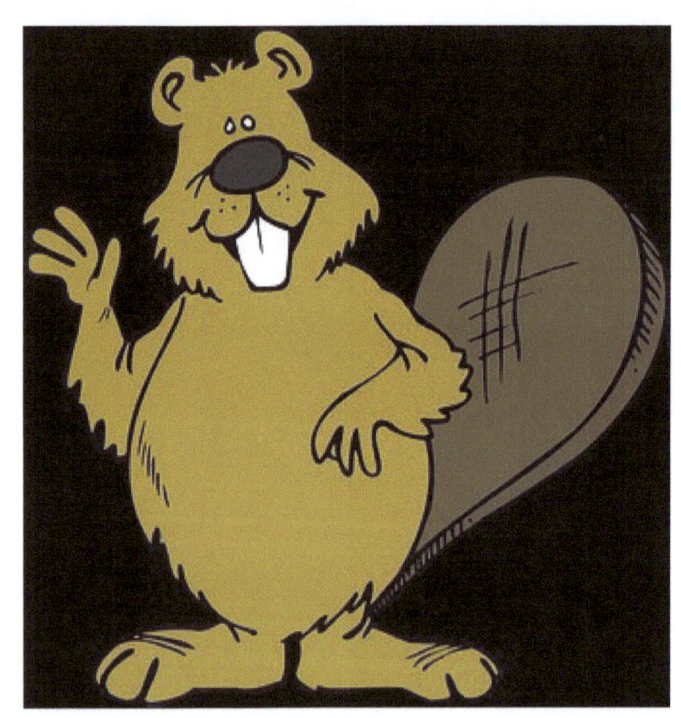

Beaver
Biber

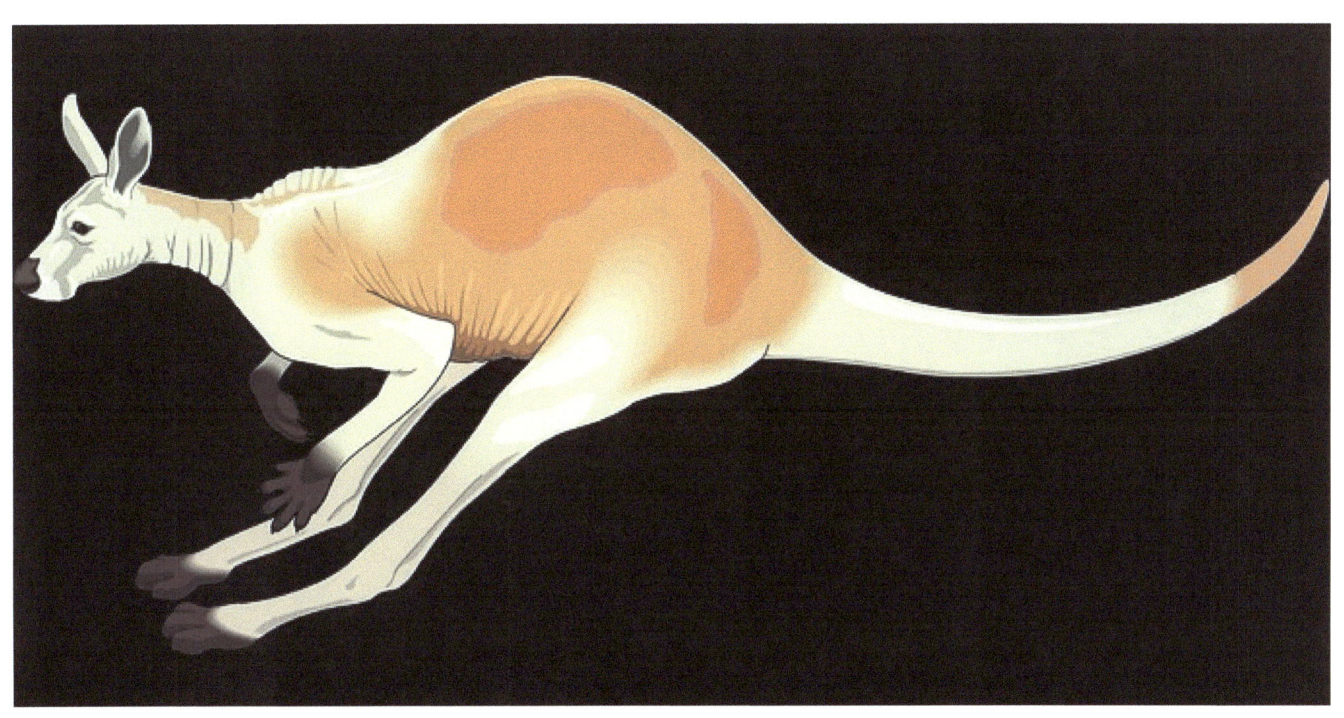

**Kangaroo
Kanguru**

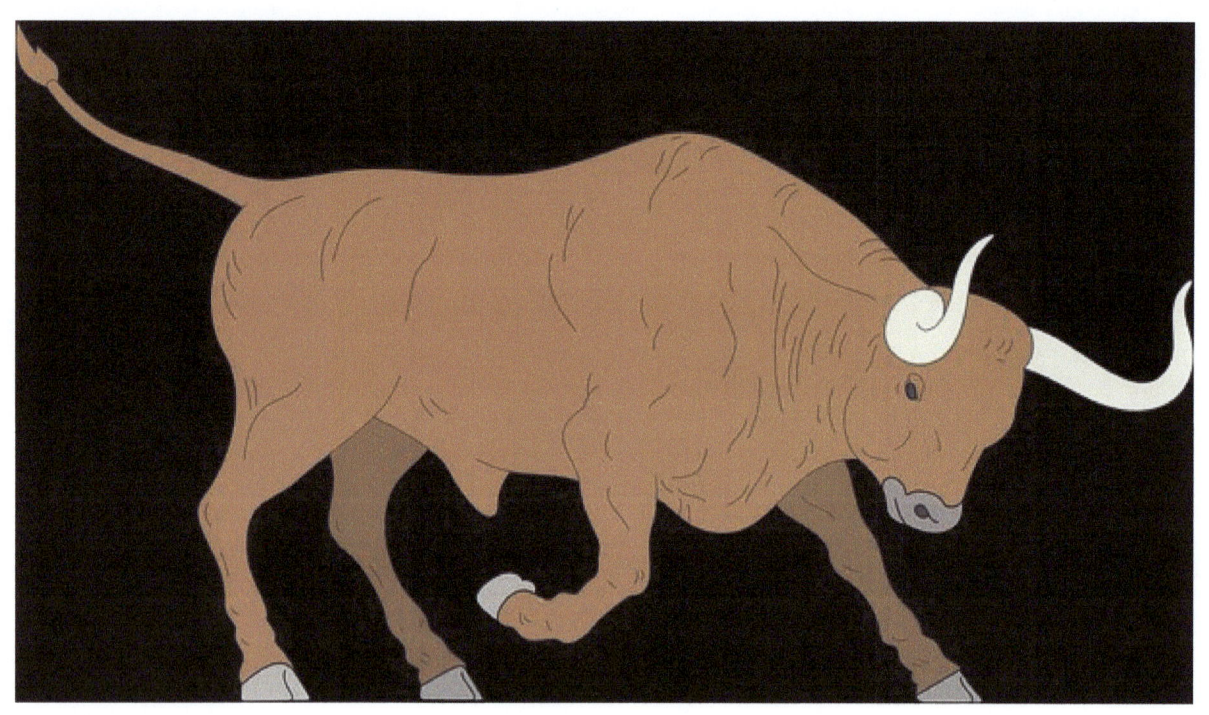

Bull
Stier

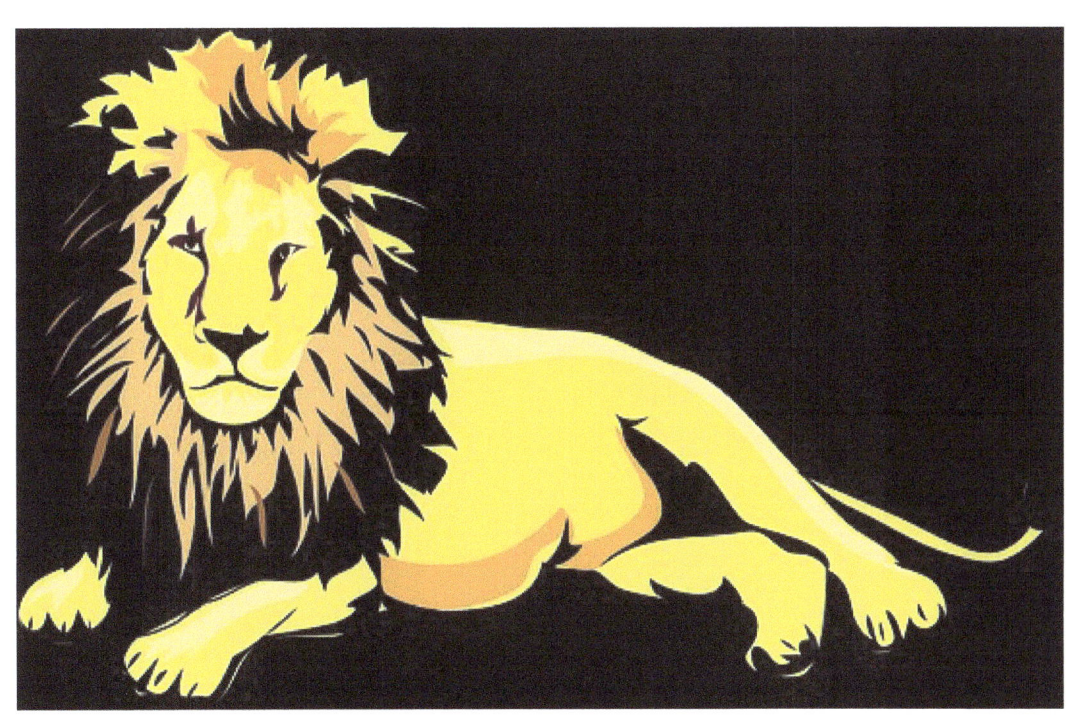

Lion
Lowe /Lowin

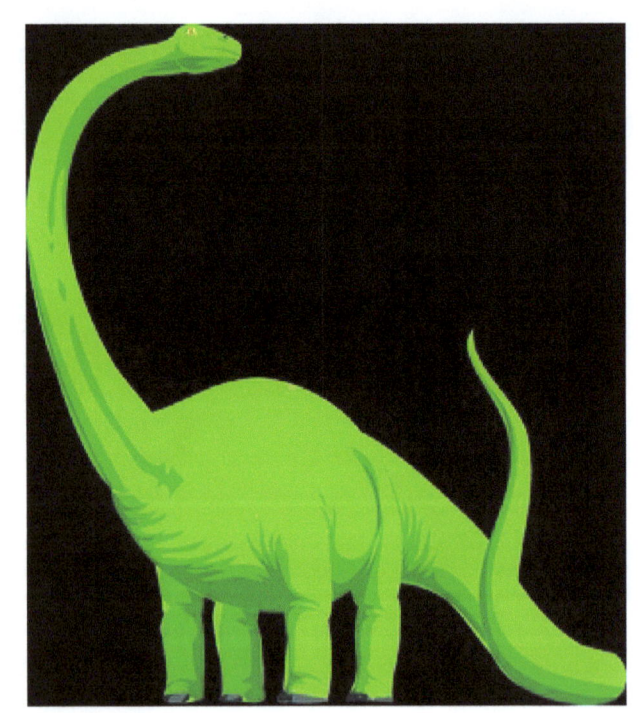

**Dinosaur
Dinosaurier**

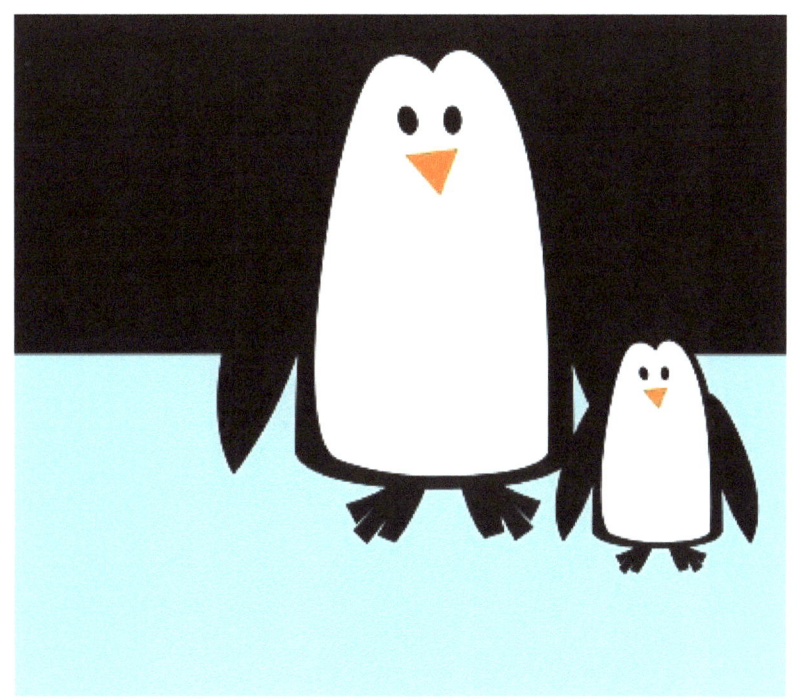

**Penguins
Pinguine**

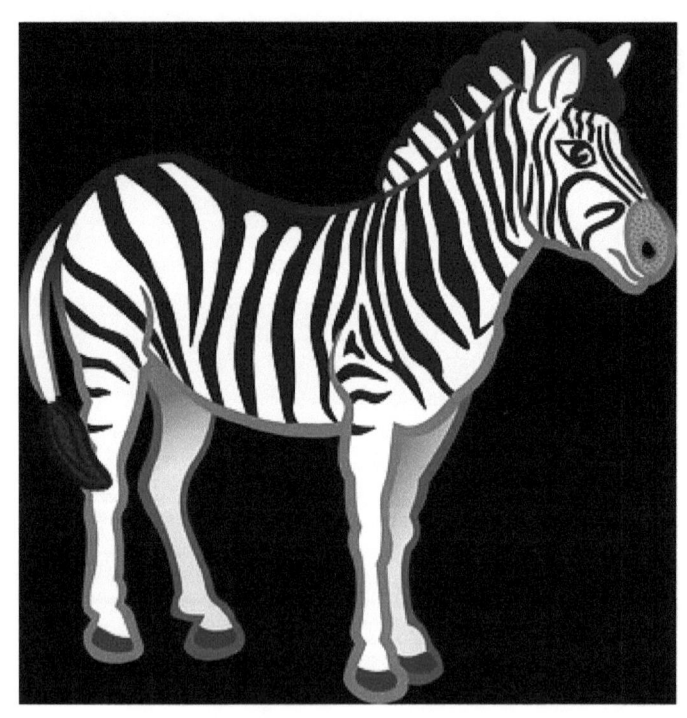

**Zebra
Zebra**

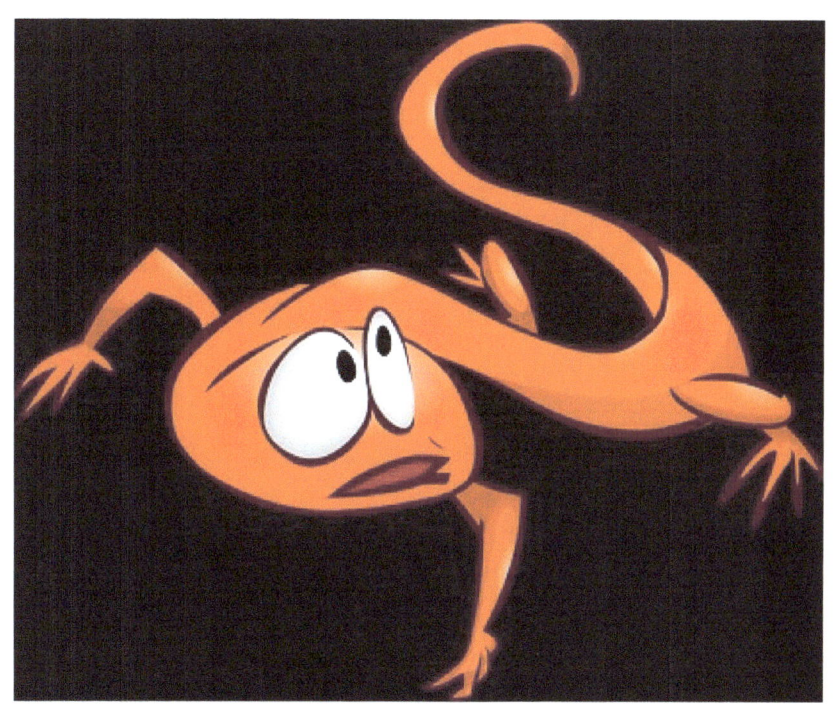

Lizard
Eidechse

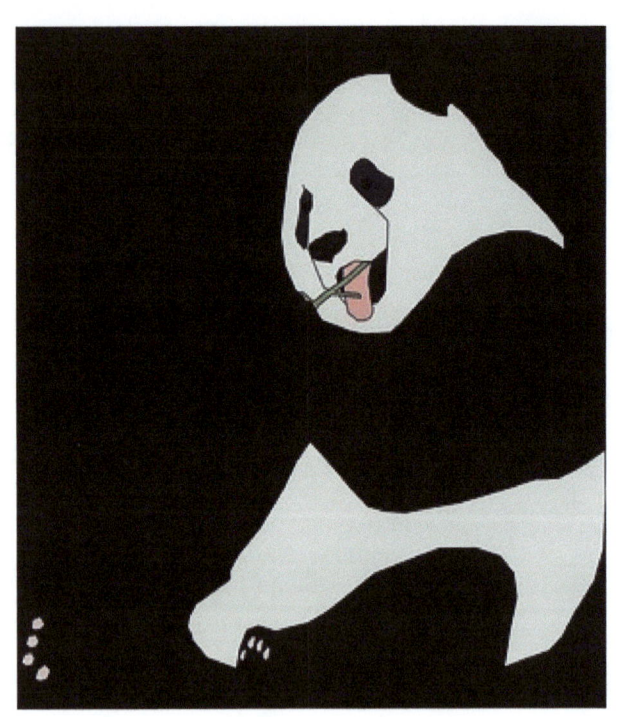

**Panda
Panda**

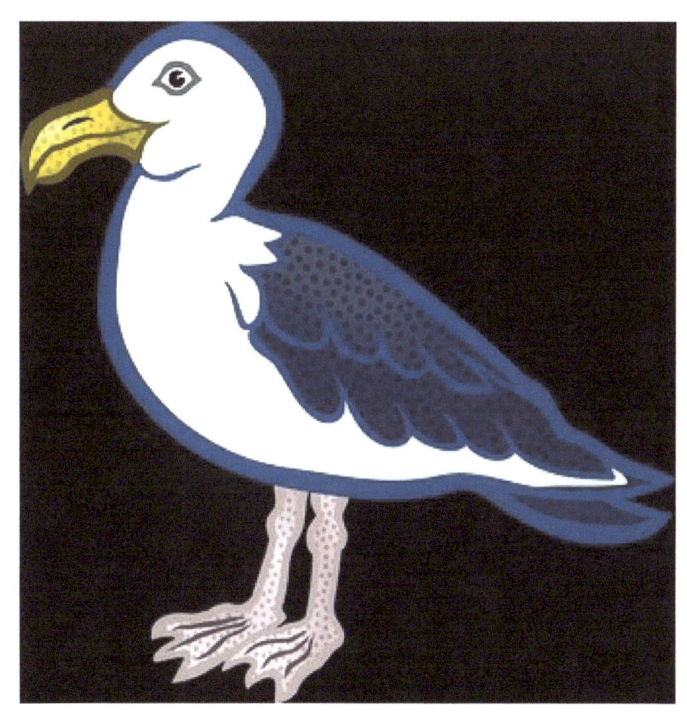

**Seagull
Möwe**

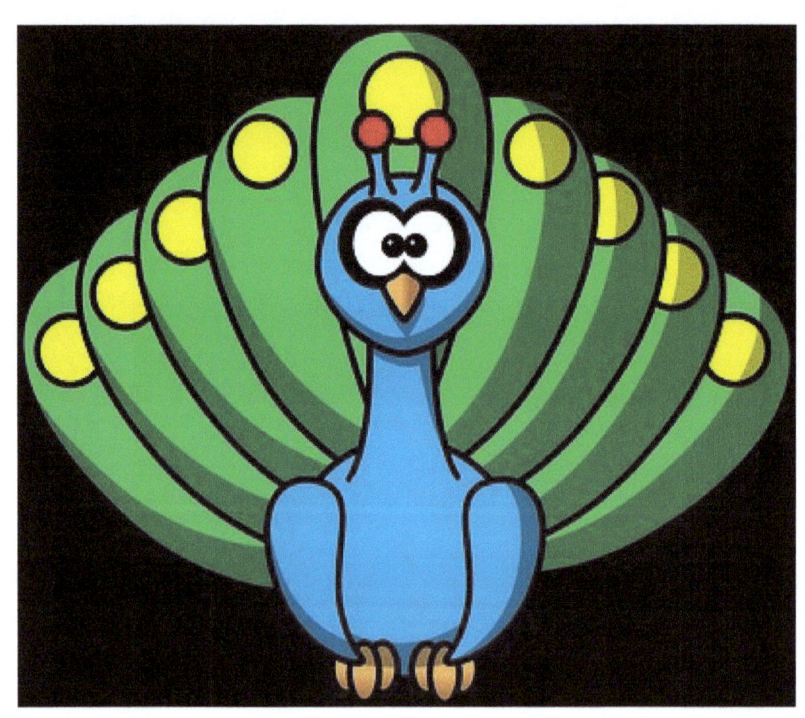

**Turkey
Truthahn**

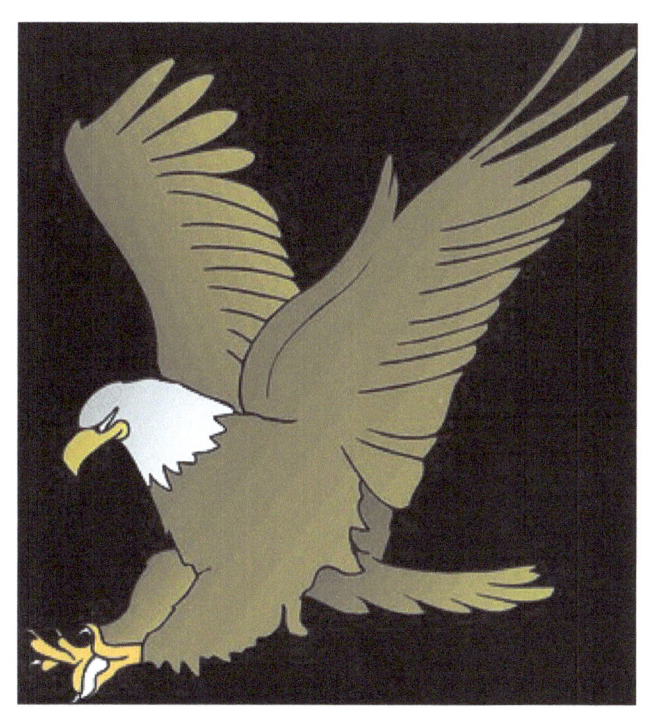

**Eagle
Adler**

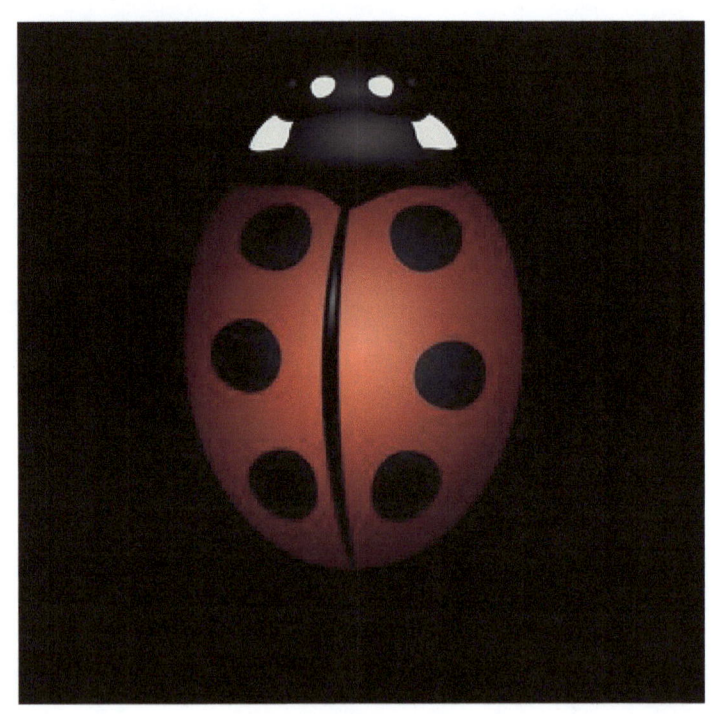

**Ladybug
Marienkafer**

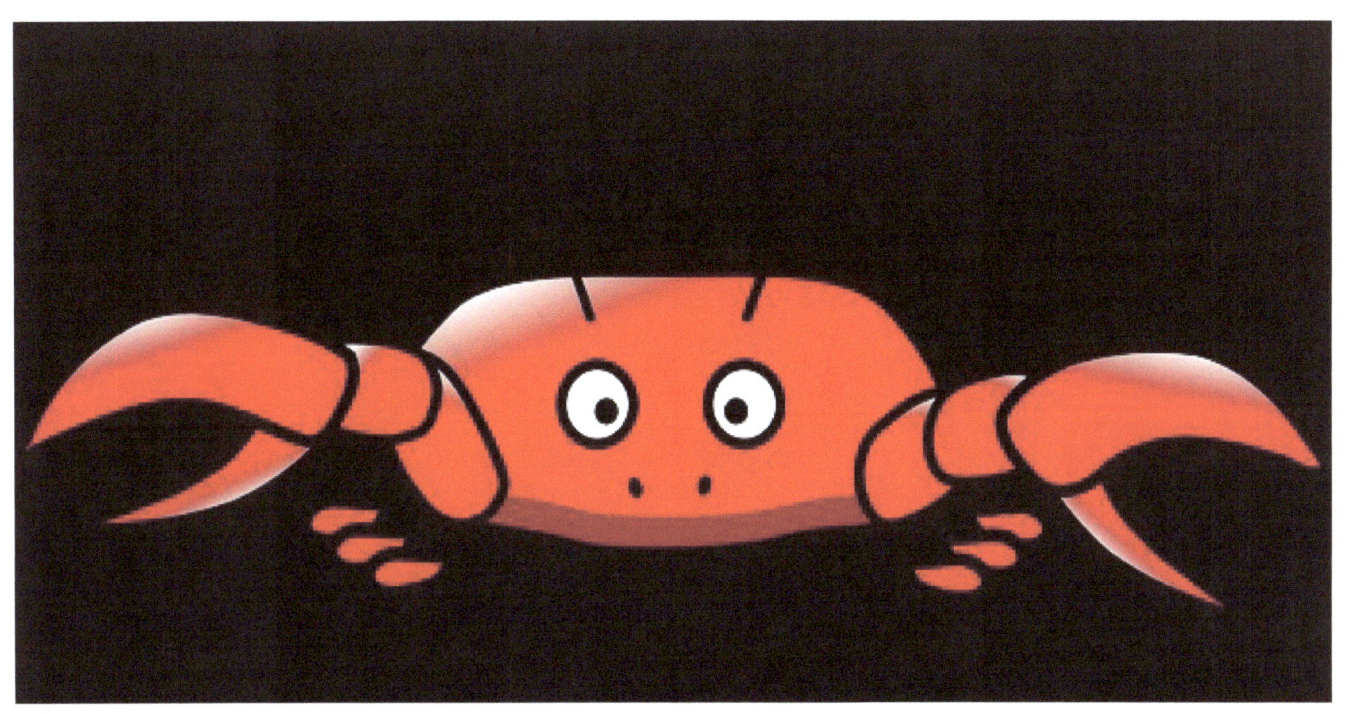

**Crab
Krabbe**

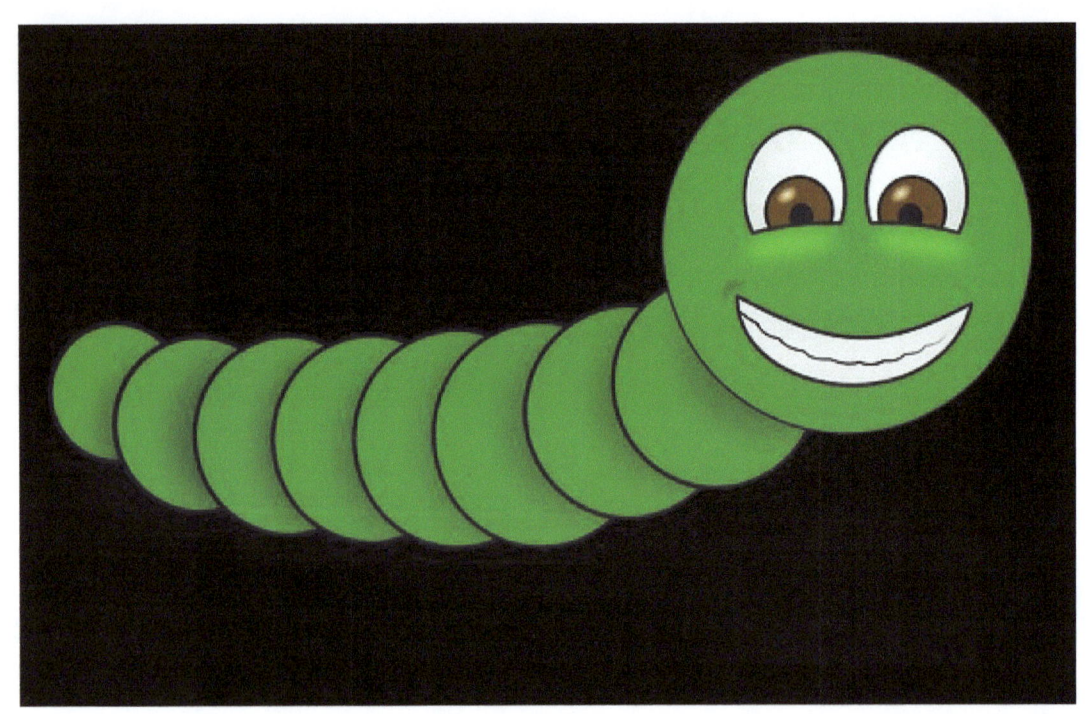

Worm
Wurm

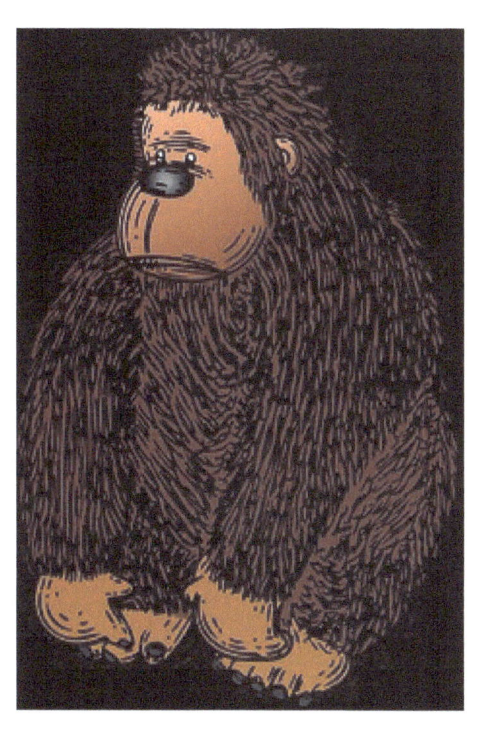

*Gorilla
Gorilla*

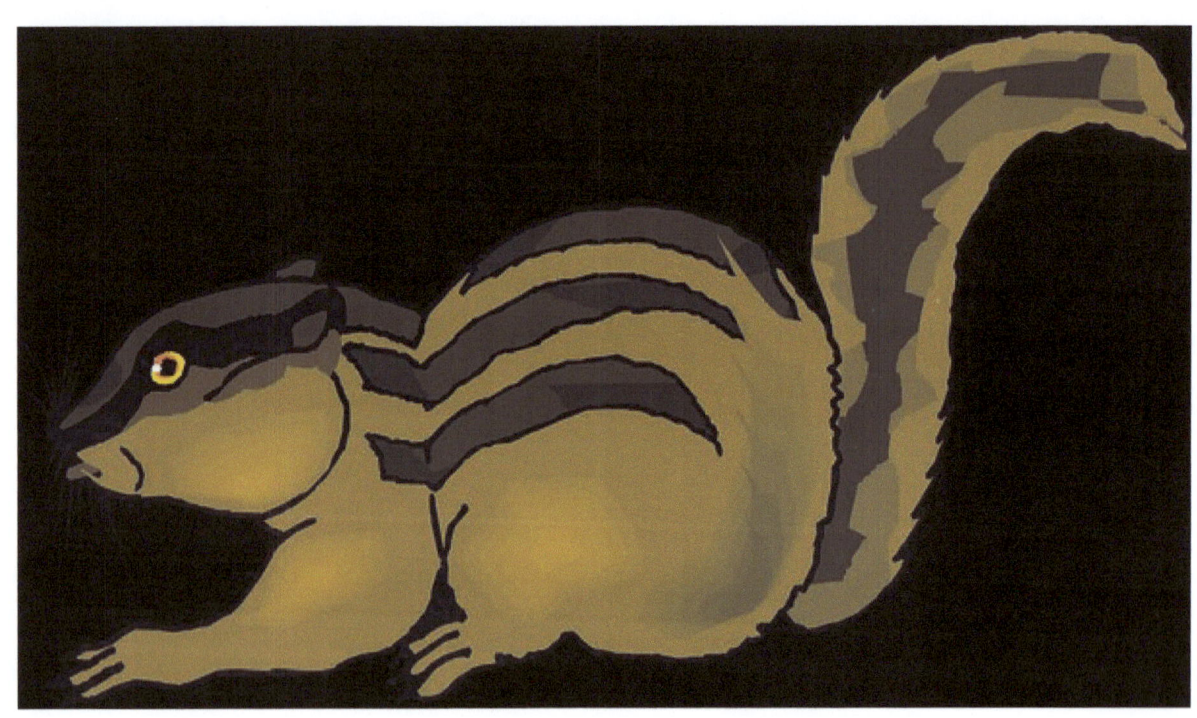

**Chipmunk
Chipmunk**